꽃이
피는
이유

김명자 시집

꽃이 피는 이유

한강

시인의 말

오랜 기다림 끝에
품었던 글자들이
세상 마중을 나갑니다

아직도 부족한 듯
서툰 문장을
벌거벗는 듯
심장이 자꾸만
달려 나갑니다

잊었던 두근거림

밝은 햇살이
어루만져 줍니다
용기를 내며
우주를 펼쳐 봅니다

옆에서 묵묵히 지켜 준
가족들에게 감사해하며.

                                                2025년 6월에
                                                   김명자

김명자 시집 꽃이 피는 이유

□ 시인의 말

제1부 하루의 일기

버림받은 아우성 ──── 13
집 나간 마음 ──── 15
졸음 속의 환상 ──── 16
하루의 일기 ──── 17
넘길 수 없는 시간 ──── 19
하얀 온기 ──── 21
너무 작은 점 ──── 22
새빨간 거짓말 ──── 24
시인의 모니터 방 ──── 26
마음 바탕의 큰 터 ──── 28
나눌 수 있는 사람 ──── 29
자격 상실 ──── 30
나보다 큰 존재 ──── 31
여정의 새끼줄 ──── 32
뿌린 씨앗대로 ──── 33

꽃이 피는 이유　　　　　　　　김명자 시집

제2부 좋은 일

37 ── 주인의 경계는 어디인지
39 ── 호흡의 쟁기질
41 ── 참 고마운 세상
42 ── 햇살 아래서
43 ── 좋은 일
44 ── 문학의 꽃 사비의 꽃
46 ── 정지용의 축제 속
47 ── 힐링의 허상
48 ── 생생한 두 시간의 낮잠
50 ── 우리들의 이야기
51 ── 하늘이 뚫린 날
53 ── 아침 풍경
54 ── 생일이 따로 있나
55 ── 세상에 빛을 향해

김명자 시집   꽃이 피는 이유

제3부 인연의 선물

꽃이 피는 이유 —— 59
보이지 않는 세월 —— 60
소리 나지 않는 인생 —— 61
빛나는 진리 —— 62
못 들은 척 —— 63
찰나의 시간 —— 64
닮은꼴 —— 65
보수 공사 —— 67
머릿속 데이터 —— 68
굴비 한 묶음 —— 69
아버지의 막걸리 —— 70
가을빛 공범 —— 71
추억의 파란 나라 —— 72
시대의 벽 —— 73
인연의 선물 —— 74

꽃이 피는 이유　　　　　　　　　　김명자 시집

제4부 초록빛 융단

77 ──── 꿈같은 시간
78 ──── 속마음
79 ──── 붉은 열정
80 ──── 물 한 잔의 의미
82 ──── 최선을 다하는 시간들
83 ──── 겨울과 봄 사이
84 ──── 초록빛 융단
85 ──── 승전가를 부르며
87 ──── 수선하는 봄
88 ──── 여름의 무게
89 ──── 처서의 소리
91 ──── 비 개인 후
92 ──── 환절기
93 ──── 뒷주머니 햇살
94 ──── 화난 장마
95 ──── 단비의 기쁨

김명자 시집   꽃이 피는 이유

제5부 분홍빛 위로

물살을 가르던 꿈 ——— 99
지팡이 내비 ———100
주인 없는 막내 된장 ———101
동지 팥죽 ———103
봄을 알리는 매화 ———104
주홍색 살구 ———105
하얀 속살 ———106
네잎클로버의 힘 ———107
분홍빛 위로 ———108
호국 정신 독도 ———109
영원한 독도 우리 땅 ———111
베트남 크레이지 하우스 ———113
애국자가 되는 순간 ———115
시드니의 풍경 ———117

□ 해설_기청

하루의 일기

제1부

버림받은 아우성

그늘이 터를 잡고
햇빛이 침범하지 못하게 선을 그리고 있다
뒤꼍 간신히 네 기둥 잡고 서 있는 창고
오래된 몸뚱어리 습한 기운에 눌려 몸이 쑤신다
앞으로 버틸 힘에 햇빛이 그립다

주인을 본다는 것은 가뭄에 콩 나듯
목이 빠질 즘 한 번씩
목석같던 자물통이 몸을 비틀 때면
바깥공기 문 틈새로 먼저 비집는다
환기되지 않은 습한 곰팡이도 기다렸다는 듯
바깥 구경하려 다툼질이다

철 지나 갈데없어 모여든 이 작은 구역에
몇 년인지도 모르는
상처투성이 책들과 버림받은 아우성들
한낮의 청소에 던져지고 발길에 차인다

창문에 얼굴 붙인 햇빛이

노쇠해진 몸뚱어리 먼지에 쌓여
숨을 헐떡이는 빈 화분을 어루만진다
거미가 이사 오려 화분 안을 들여다보다
먼지를 보고 주인이 있다 생각하나 줄행랑이다
빈 몸속 바람 둘 곳 없다
이 구석 저 구석 다 쓸모없는 먼지들
지난 과거 기억들 끌어안고 거미줄만 타고 있다

창문 틈 따라 그리던 햇빛 개운함에
청소하다 남아 있던 물기를 서둘러 지우고 있다

집 나간 마음

흔들리는 마음
알면서도 멈출 수 없는
마음의 발걸음
가서는 안 될 곳을 향해
자꾸만 흔들린다
붙잡으려 할수록
더욱 흔들리고
결국 닿을 곳은 어디일까
집 나간 마음은 돌아올
생각이 없다

졸음 속의 환상

피곤함이 밀려오며
쏟아지는 졸음은
세상에 없는 색깔로
뇌 속을 휘젓고 있다

눈 감은 세상
어둠의 벽이 생기고
환상이 허공에 매달려
갈 곳을 잃고
자리를 잡지 못한
미완성의 허접한 실체들
살아나려 몸을 비튼다

정의하고 싶지 않은 시간
허공에 빠져 있던 시간들
꾸역꾸역
졸음 속을 빠져나간다

하루의 일기

산봉우리
남은 햇빛을 삼키고
노을이 자리를 잡으며
그녀의 마음을 대변하는지
붉은색을 칠하고 있다

지친 몸
하루일 마친 그녀는
마루 끝에 걸터앉아
머리부터 발끝까지
툭 툭 툭 몸을 털며
아파 볼 새도 없는 처지
손이 저린지
몇 번을 주무른다

저린 손이 풀렸는지
마디마디 주름 가득한
거친 손이 두 볼을 감싼다
붉은 노을 바라보는

반쯤 감은 눈과
입가에 잔주름 만들어
하루의 결과인지
엷은 웃음을 지어 본다

아직 남은 저녁 그늘이
발끝을 덮고 있다
그녀의 지친 몸이
코를 벌름거리며
하루의 일기장을 넘긴다

넘길 수 없는 시간

계절의 달력이
한 장씩 떼어지고
마지막 달력이
사라져 버릴 즘
겨울을 마무리하는
손이 창문을 닫고 있다

독서를 하며
낯선 문장에 머물렀던 바람도
책장이 느리게 넘어가며
한 올 일어나 종이
날개를 펴준다

계절이 지나는 모퉁이를
살짝 접어 보고 싶다
낯설어서 흩어졌던 문장들이
제자리로 돌아와
여백마다 가득 채워지고
소중한 의미들로 꽁꽁 뭉쳐지려나

참견쟁이 햇빛도 뭐가 그리 궁금한지
허리가 꼿꼿한 문장들과
야위어진 여백들을 흔들어 본다

이제 달력은
넘길 수 없는 시간 속에 있고
비 온 뒤 생겨난
웅덩이에 고인 물처럼
잠잠히 흐르는 시간으로
만들고 싶은 마음뿐이다

하얀 온기

가을비가
잦은 기침처럼 몸을 사리고 있다
길고양이가 우는 바깥과는 달리
집안은 수증기로 가득 차
평소 그가 좋아하는
비릿한 국 냄새가 피어오르고 있다

널따란 상을 채우기 위해
며칠 전부터 준비한 알록달록한 음식
하얀 촛대의 향은 볼록하게 움직이고
어지러운 어둠을 막아 주고 있다
흔들거리며 피어오르는 알싸한 향 연기는
희미해진 그가 나타난 듯
가족들의 얼굴엔 몽글한 눈물이 맺힌다

하얗고 커다란 슬픔들은 말이 없다
점점 가벼워지는 빗방울
작은 기침은 서서히 들려오지 않고
집안 가득 그를 생각하는
가족의 하얀 온기만이 이어지고 있다

너무 작은 점

세상이란 울타리 안에
존재하는 모든 것이
나를 위하여
공존한다고 생각할 때
착각을 끌어안고
가끔 감사함을 잊는다

태양의 환한 빛을
공짜로 사용하면서도
감사할 줄 모르고 날뛰다 보니
갑자기 서리 내린 허연 머리가
철들은 척 허락 없이
자리 잡고 있다

아직 나이 들음의 향기를
나눌 준비도 못하고 있는데
갑자기 급해지는 마음은
어떻게 하나
고개 들어 하늘을 바라보니

나는 그 품안에 있었다
보이지 않는 너무 작은 점 하나로

새빨간 거짓말

마음잡고 펜을 잡으려니
눈치 빠른 심술쟁이
졸음은 수면제를 뿌리고
눈까풀을 잡아당긴다

짜르르 눈이 감기며
졸음은 승전가를 부르고
어물쩍 내려앉은
눈까풀은 잡아 뜯고
계속 헛발질이다

뿌연 졸음의 바닷속
겨우 붙잡은 단어는
모래 위 위태롭게 서 있고
파도는 긴 혀를 내밀어
하얀 거품을 만든다

황소 같은 졸음을 이기지 못하니
머리에서 밀려나오는 짜증은

손끝까지 스멀스멀 기어 나오고
늘 바쁘다는 핑계는
새빨간 거짓말이 되었다

시인의 모니터 방

저장 파일이
숲을 이루며 길을 내고 있다
모니터가 펼쳐지고
숲의 넝쿨들을 헤쳐 나가는
뻣뻣해진 손가락이 버겁다

숲속에 숨은 낱말들을 찾기 위해
키보드는 불이 난다
활자들은 도망치려 애를 쓰고
버려진 문장들은 다시 자라며
눈앞을 흐리고 있다

모니터 안에 갇혀 있던 낱말들
호흡을 가다듬는다
문장이 제자리를 찾으며
시인의 방 모니터에서
한 편의 시가 태어나려
세상의 한 벌밖에 없는
옷을 입히고 있다

닳아빠진 키보드와
낱말들이 숨바꼭질을 하며

마음 바탕의 큰 터

시인이란
끝이 없는 숙제처럼
글쟁이란 직업도
아닌 것이 마음 바탕에
큰 터를 잡고 있다

하지만 잊지 말자
시인은 그저 인간일 뿐
때로는 쉬어 가고
때로는 솔직하게 표현하고
나만의 목소리를 찾아가는
자유로운 영혼의
여정을 즐기면 되지
마음 바탕의 큰 터가
작아지길 바라며

나눌 수 있는 사람

차 한 잔 마시며
닫혀 있던 가슴 열고
말을 할 수 있는 사람

험한 세상 굽이마다
지쳐 가는 삶이지만
눈빛만 봐도 마음을
알아주는 단 한 사람

굳이 인연의 줄을
관계의 틀에 짜놓지 않아도
진솔한 이야기를 나누며
어떤 말도 필요 없는
차 한 잔의 따뜻함처럼
나눌 수 있는 사람
그런 사람

자격 상실

그는 전생부터
불량품이었나
부모 마음 검은 숯 만들고
몸뚱이부터 뼛속까지
평생 AS만 하고 있으니

몇백 번의
끈질긴 생이 들락날락
염라대왕도 지쳐서
포기한 상태다

놀란 가슴 지쳐만 가고
언제부터 무덤덤
올케란 이름으로
모든 걸 맡겨 놓고
누나란 자격은
어느 때부터
사라져 버렸다

나보다 큰 존재

시작도 끝도 없는
광대한 우주 속에
지구라는 작은
여객선을 탔습니다

그것은
먼지 알만큼 작은
내 몸뚱이였습니다

구석을 청소하니
먼지가 도망갑니다
나보다 큰 존재였습니다

여정의 새끼줄

알고 왔나
어디서 왔을까
나도 모르게
입장권을 쥐여 주고
세상에 던져 놓으니

이 일 저 일
이 노릇 저 노릇
이 인연 저 인연
여정의 새끼줄 끼워 놓고
다 하라 하신다

나도 모르는 이 많은
인생의 숙제들
언제 다 풀어낼까

투덜거려 봐야 부처님이
입 다물라 하신다

뿌린 씨앗대로

이미 잃어버린 소
텅 빈 외양간만 덩그러니
뒤늦은 후회와 함께
소 잃고 외양간을
고치고 있는 친구

미리미리 살폈더라면
소 잃는 일은 없었을 텐데
지난 어리석은 행동에
가슴만 치며 눈물짓고 있다

우리는 매일
씨앗을 뿌리고 거둔다
정성껏 가꾸면
풍성한 열매를 맺고
게을리 하면
가시덤불만 무성하니
뿌린 대로 거두어지는 것이
우리의 삶이고
세상의 이치인 걸

제2부 좋은 일

주인의 경계는 어디인지

마당에 길고양이
염소인 양 풀 뜯다 캑캑거린다
엊그제 파란 촉들이
자라는 소리를 들었는데
쪼아대는 봄 햇살에
아직은 몸살기가 무서운가 보다
잔디 속에 숨어 몸 사리고 있다

마당인데 누구든 못 오나
하늘이 열려 있는데
바람이 불렀는지
질경이는 자리다툼 중이고
보금자리 틀은 개미들
더듬이 흔들어 일터를 물색 중이다

객과 주인의 경계는 어디까지인지
풀이든 개미든 길고양이든
사인 없는 주인 행세를 하고 있다

겨우내 몸살 난 육신
봄앓이를 하려나 보다
꾸역꾸역 역마살이 빠져나오려
마음의 빗장이
햇살과 함께 움찔거린다

호흡의 쟁기질
—코로나19

만물이 소생하는 봄
벙어리 되어 입을 막고 오다니
반백년이 넘도록 황홀하게
봄을 영접했는데
아무런 증표도 없이 올봄도 그냥 보내니
머리부터 발끝까지 울화가 치민다

겨울보다 시린 봄
상춘객들은
코로나19에 잡혀 걸음을 멈추고
액자 속 풍경은 박제된 것처럼
싱그러운 바람도 음미하지 못하고
그저 바라볼 뿐이다

실종된 봄은
탱자나무 가시 울타리를 쳤다
고절한 군자 매화가 피고 간 자리에도
국경 넘어 날아온 신종바람에
침울한 꽃망울도 자폐되어 말이 없다

지구촌을 갈아엎은 코로나
오늘도 거센 호흡은 코밑에서 쟁기질하며
숨 한 번 몰아쉬는 일이 얼마나 소중한지를
마스크 속에서 숨죽이며 자유를 찾고 있다

참 고마운 세상

금이 간 사랑 아픈 상처를
전문가의 도움을 빌려
갈등과 오해를 풀어 주고
다시 하나가 되는 기적
방송은 희망의 빛을 주고 있다

어둠을 밝히는 빛처럼
따뜻한 이야기
감동적인 사연들과
세상의 어려움을 함께 나누고
용기와 희망을 북돋아 주니
더 나은 세상을 만들어 주는
방송은 희망의 메아리로
세상 가득 퍼져 나가길
참 고마운 세상이다

햇살 아래서

초록빛으로
비단 방석 만드는
짜랑짜랑 봄 햇살
온종일 쪼이고 싶다

밤새 편치 않은 꿈을 꾼
묵은 베개를
햇빛에 널어 말리고

햇살 아래 잊고 싶은
마음에 먼지도
툭툭 털고 싶다

좋은 일

싱그러운 초록 잎 사이로
수줍게 얼굴 내민 하얀 감꽃
달콤한 향기 은은하게 퍼져
마음을 설레게 한다

몽글몽글 하얀 꽃잎
작고 앙증맞은 모습은
순수하고 깨끗한
마음을 닮은 것 같아

하얀 꽃잎 햇살에 반짝이고
감꽃 피고 뻐꾸기 우는 날
왠지 좋은 일이 생길 것 같아
기대와 설렘 가득 안고
하루를 시작한다

문학의 꽃 사비의 꽃
―전국우수협회 상 타는 날

제 나이 스물셋
어느 날
백제의 고장 부여에서
어사화*와 함께
우수상이라는
꽃배를 탄 초대장이
날아왔습니다

문학의 축제이니
감나무 가지마다 주렁주렁
가을이라는 풍경에 맞추어
알알이 익은 날들
황금빛 들녘에
글쟁이들이 모이니
높고 깊은 부여 백제의 하늘에
문학의 꽃 사비의 꽃으로
빗장이 열렸습니다

백만 권의 책들이 모여

성화 봉송을 알립니다
문학의 마법사들이
머리에 어사화를 꽂고
꽃물이 댐을 이루니
만남과 인연의 꽃들이
가을의 단풍처럼
천지간에 춤을 춥니다

스물세 살 옥천문인협회
축하의 반짝이는 별들 모아
케이크를 만들었습니다
문학의 영혼 칭찬과 박수
가슴 가득 한아름 받았습니다
사랑한 만큼 호미질한 만큼
큰사랑을 받았습니다

※어사화: 장원 급제 화관에 꽂아 주는 꽃(사비의 꽃). 백제 문화의 꽃

정지용의 축제 속

오월은 신록의 계절이라
초록 물 뒤흔드는 여왕의 계절에

여기 옥천은
지용의 시들이 오월 강을 이루고
넓은 벌 동쪽이 울리기 시작하면
하늘엔 향수의 시어들이 춤을 춘다

당신의 후배들은 그 별 하나 따보려
시인이 되리라 백일장에 꿈을 그리고
문인의 글은 여기저기서 탄생을 외친다

지용 향기 만발한 옥천의 오월은
글쟁이들의 신명난
오케스트라를 만들고 있다

힐링의 허상

삼백예순다섯 날이
쉴 틈 없이 돌아가고
느린 몸은 빠른 시간에
쫓기기만 한다

한숨 돌리려 해도
또 다른 일이 불러
달리는 시계 바늘 속
허상만 남는다

힐링이란 말조차
공허한 메아리
잠시 쉴 틈도 없이
흘러만 가는 시간

저녁 해가 간을 보고
하루를 재촉하는데
느린 몸은 쉴 새 없어
멈출 수 없는 발걸음은
또다시 이어 간다

생생한 두 시간의 낮잠

건물들이 오래돼 보이는
어느 좁은 길
비쩍 말라 보이는 몸에
빛바랜 허연 옷을 입은 노인이
낡아빠진 리어카를 끌고 있다
힘들어하는 노인의 걸음이
어디서 많이 본 듯한 모습이다

가까이 가 보니
돌아가신 할아버지였다
할아버지는 나를 보고
이년아 여기가 어디인데 왔냐고
호통을 치시며 난리가 났다
번개같이 차표를 어디서 구해 왔는지
빨리 가란다. 기차 시간 늦는다고
그렇게 할아버지의 불호령에
제대로 말도 못하고
하늘 기차를 타고 잠에서 깨었다

정신이 몽롱하다 꿈인지 생시인지
할아버지의 모습이 너무 생생해
몸이 약해 활달한 생활은 못 했지만
평생 몸과 마음은 편했던 분이시다
그 값을 치르고 계시는 것 같아
꿈이지만 마음이 편치 않았다

몸을 추스르고 나니 두 시간의 낮잠이었다
저승을 갔다 온 것인지
삼십 년이 지난 지금도 그날 꿈은
현실보다 더 생생한 기억을 하고 있다

사후 세계의 실상을 보고 온 것인지
근사 체험을 하고 온 것인지
사후 세계가 존재한다는
정현채 서울대 교수님의 말씀이 생각난다

우리들의 이야기

어둠이 뒷걸음질하며
새벽이 서서히
모습을 드러낼 즘
새벽 시장은
살아 숨 쉬는
삶의 소리들을 반긴다

왁자지껄 구수한 대화 속
푸근한 인정이 오가고
모든 것이 같진 않아도
새벽 장 싱싱함 속에
희망이 숨을 쉰다

시장은 어둠을 걷어 내며
흥정하는 목소리에
넉넉한 인심 활기찬 에너지
오늘도 희망찬 하루를
시작하는 우리들의 이야기

하늘이 뚫린 날

꽃망울 터질 즈음
질투하는 겨울이
하얀 이불 들고 와
세상을 덮는다

여행길 설렘 속에
하늘은 장난처럼
끝없이 쏟아내는
하얀 눈송이

봄이 오려 서두를 때
겨울이 붙잡아
하얀 커튼 사이로
세상이 숨고 있어

오키나와 가는 날
오일 후 돌아오면
꽃샘추위 지나고
더 예쁜 봄이 올 테니

이 또한 추억으로
간직해 볼까

아침 풍경

아침 햇살
눈을 반쯤 감고
일광 소독을 해도
좋을 만큼 눈이 부시다
마음의 측은지심을 널어 볼까
밤새 물속에 있던 축축한
몇 편의 꿈을 널어 볼까

예순일곱에 인연 맺은
백 살 넘은 라일락이
향기를 더하고 있다
작년 삐죽이 나온
가지를 다듬어 주니
중후한 폼이 멋지다

백 살이 넘어도
만개한 라일락꽃은
홍조 띤 새색시 얼굴
벌 나비 사랑 고백에
어찌할 바 모른다

생일이 따로 있나

미역국을 먹으며
생일이 따로 있나
매일 아침 눈뜬 것에
감사함이 생일인데

아프고 나니 새삼스럽게
나를 에워싼 모든 만물이
고귀해 보이고
숨 쉬는 것조차 감사해지고
작은 미소 하나도 보배로워

숨 쉬는 공기 한 모금
따스한 햇살 한 조각
감사의 굴레를 껴안고
스치는 바람결까지
매일매일 감사로 다가온다

세상에 빛을 향해

배냇저고리 품속에서
꼼지락거리던 아이가
세상의 빛을 향해
날갯짓한다

어느덧 어른 되어
사랑하는 배우자를 만나
가정을 이루고
아름다운 결실이 되어
세상에 빛을 발하니
가슴 벅찬
감동으로 다가오고

이 어찌 감사하지 않으리
자식 키운 보람으로
이렇게 큰 선물 받으니
더 바랄 것 없어
세상 그 무엇과도
바꿀 수 없는
행복에 감사합니다

제3부 인연의 선물

꽃이 피는 이유

인생의 꽃을
언제 피워야 할지
해답도 모르며
그 잘난 작은 지혜로
천방지축 나댄다
이 대지에
꽃이 피지 않으면
봄도 없을 것이라고

봄이 와서
꽃이 피는 게 아니라
꽃이 피어나기 때문에
봄을 이루는 것이라고

봄이란 해답은
검은머리 파뿌리 될 때
알게 되려나

보이지 않는 세월

거울 속에 비친 모습
세월이 나에게만 왔는지
얼굴에 주름살 그어 놓고
손등 위 잔주름 그어 놓고
성품대로 그려 놓았다

늘 새파란 청춘일 줄 알았는데
몰래 데려간 세월
눈 깜빡할 새 멀리 와 있어
미련은 마음에 머물고
몸과 마음은 따로 놀고 있다

세월은 쉼 없이 흐르고
주름 속에 담기는 삶의 흔적
세월 앞에 장사 없다고
그래도 오늘이 새파란 청춘인 걸

소리 나지 않는 인생

낡은 지갑 속
찢어진 주민등록증을 바라보며
주름진 손으로 어루만지니
어느덧 106년의 세월이
찰나처럼 느껴지는 덧없는 시간
이렇게 오래 살 것 알았으면
진즉 고쳤지

후회와 아쉬움도 있지만
이제 마지막 페이지를 향해
찰나의 세월 속에서
지난 모든 것에 감사하다고

그런데 말여 꽃이 웃는데
소리가 안 나
당신 인생도 소리 나지 않는
꽃이었나 봅니다

빛나는 진리

끝없이 펼쳐진 광활한 우주 속
별들의 속삭임은 빛나는 진리를
전해 주고

배워도 배워도 작은 내 지식은
모래알만 한 우주의 신비 앞에
겸손해지는 마음

우리 몸속에도 은하가 흐르고
한 알의 세포가
작은 유전자를 태우고
광활한 우주를 만들며
우리도 그 속에서 살아 있는
우주 그 자체이다

못 들은 척

붙어 다니는
나이를 떼어 보려고
떡국을 안 먹기로 했다
못 들은 척 귀도 막고
못 본 척 눈도 감고

우두둑 세월의 비웃음에
무릎이 소리를 내고 있다
못 들은 척 귀를 막았다

찰나의 시간

말년 인생
무엇을 웃고 무엇을 기뻐하랴
한세월 꾸며 놓은 몸뚱이는 늙어서 시들고
터지기 쉬운 질병들은 여기저기 매달려
병치레 끊을 수 없는 지난 찰나의 시간 속

견고하지도 영원하지도 못할 육신을
가을 들녘에 버려진 표주박이 되지 않기 위해
평안을 찾아 부처님을 뵈러 가는 어머님

급한 발걸음에 흔들리는 옷자락이 서럽다

닮은꼴

쉴 날이 없다
주 오일제도 모르고
달력의 빨간색 글씨도
모르고 사는
언제나 연중무휴다

노동 품삯을
계산할 새도 없이
퇴근이란 단어는
잊어버린 지 오래
어둠이 찾아와
등을 떠밀 때
그는 집으로 향한다

그 아버지에 그 아들
닮은꼴은 반복되고
아버지의 그림자에
땀방울이 지나간 자리
아들은

해 지는 줄 모르고
땅을 다지고 있다

보수 공사

나이 들음이 느껴지고
세월은 저만치 앞서고 있는데
다시 보듬어지는 중년의 시간

변한다는 건 살 껍데기를
벗길 정도의 어려움이라 했는데
얼룩덜룩 벗겨진 마음들은
다시 보수 공사를 해야 할까

마음에 쌓여진 불순물들은
고운 체로 걸러지려나
세월 앞에 장사 없다 했는데
세월에게 맡겨 볼까
한번은 짚어 가고 싶다

머릿속 데이터

힘주어 발음하는 그녀의 이름
평생을 꽉 채운 머릿속 데이터가
움직이지 않고 있다

해초처럼 일렁이는 기억들이
그물망 바깥을 향하는 물고기 잡듯
뿌연 머릿속
뒤엉킨 실타래가 조롱을 한다

언제 끝날 줄 모르는
숨바꼭질 세상
어데 어데로 갔니
초점 없는 웅얼거림
보글거리던 옅은 숨은
볼 사이 주름에 끼어 버린다

생에 부서지지 않는 햇살처럼
흩어진 나날들을 잡으려 했던 그녀
숙모님의 머릿속 데이터가 멈추며
알약 한 줌 초콜릿을 먹고 있다

굴비 한 묶음

그립다 말고
또 그립다 말고
그리운 사람이
보고 싶은 사람이
굴비 한 묶음인데

바쁘다는 핑계로
돌아볼 새 없어
진즉에 가슴에
넣어 둘 걸
빈 줄만 남았네

사람을 찾습니다
벽보를 붙여 볼까
허전한 마음이
보고 싶은 마음이
스산한 가을 같아

아버지의 막걸리

흐릿한 비구름 속에
해가 길을 잃고
어찌할 바 모르고 있다
예보에 없던 비가 올 것 같아
풀잎도 감지했는지
몸을 사리고 있다

비 오는 날이면
막걸리가 최고지 하시던
아버지의 환하신 모습
막걸리 한잔을 보약같이 드시며
이 술 마시면 다리가 안 아파
하시며 웃음 뒤에 감춰진
아버지의 깊은 주름살

후두둑 비가 창을 때린다
아버지 계신 곳 높은 산에
막걸리 배달을 가야겠다

가을빛 공범

보릿고개 친구들
방과 후 허기진 배가
밭고랑 무를 유혹한다

쑥 뽑힌 잘생긴 무
손톱으로 무 끝동 돌려
너 한입 나 한입
매운 손톱 입으로 빨다
흙 묻은 입술 들킬까 봐
가을 하늘
어쩔 줄 몰라

놀던 잠자리 빙빙
망을 봐주고
가을빛 친구들
공범이 되어 준다

추억의 파란 나라

삐뚤빼뚤 사방치기
땅바닥에 그리고
머리카락 휘날리며
담을 넘는 숨바꼭질
흙먼지도 따라붙어
엉덩방아 찧던
추억의 그리움

피어난 봉숭아 한 움큼 쥐고
친구들 웃음 넣어 잘게 빻아
손톱 위 볼록하게 올려놓고
빨갛게 물들어 갈 때

골목에 숨어 있던 파란 나라
재잘대는 소리에 희망을 주고
봉숭아 꽃잎 지고 희미해질 즘
골목 돌담 사이 그리움을 쌓았다

시대의 벽

읽다 만 책갈피 속에
숨겨 둔 어머니의 꿈
펴보지 못한 빛나던 재능

배움의 뜨거운 열정은
유리병에 갇힌 불꽃처럼
타오르는 마음이었지만
시대의 그림자 속에 가려져
마음껏 펼쳐 보지도 못하고

평생 시대의 아픔 속에
못다 이룬 꿈 가슴에 안고
그리움만 남아
낡은 사진 속에
미소 짓고 있는 엄마의
마음이 보이는 것 같아

인연의 선물

기쁨과 환희로 가득한
새로운 생명의 기쁨
하늘이 내려주신
소중한 인연 손주들
너희들의 첫 울음은
내 가슴의 별로 박히며
축복으로 답을 했지

시간이 멈춘 듯
영원히 간직하고픈 순간
네 명의 꼬마 천사들
눈물이 흐를 정도의
가슴 벅찬 감동의 눈물

이것이 가족의 인연인가
감사함으로 가득 찬
소중한 보물들
환한 달빛으로 차오른다

제4부

초록빛 융단

꿈같은 시간

만물의 귀가 움직이니
겨울에 잠든 대지가
봄이 왔다 알리고 있다

초록빛에 태어나던 봄은
꽃을 보지도 못한 채
사라져 버린 아련한 꿈같아

어느덧 눈 깜빡할 새 여름 지나
마른가지 흔들리고 있으니
후회하는 안타까움은 욕심인가
철 지난 시간은 바스락바스락
묵은 풀에 가을바람 일고 있다

모든 것을 비우고 새로운
시작을 준비하는 끝자락
가을은 옷을 벗고 있다

속마음

겨울의 긴 잠에서 깨어나
만물이 소생하는 봄은
강남 갔던 제비가 돌아오고
새로운 희망의 계절이라고

여름은 뜨거운 태양 아래
모든 것이 활짝 피어나고
햇볕 아래 익어 가는
결실의 계절이고

가을바람에 떨어지는 낙엽은
고독한 사람을 살찌게 하고
나무 위에 떨어지는 눈송이는
만인을 즐겁게 한다고 한다

내 마음인지 너에 마음인지
속삭이는 연인들의 마음인지
부처님은 아시려나

붉은 열정

뜨거운 햇살 아래
푸르름을 뽐내지만
마음속은 이미 붉은 열정

어느덧 단풍의 꿈은
가을빛 시간 마법 속에
붉은 옷으로 갈아입고
점점 짙어지는 그리움
마지막 잎새 떨어지며
모든 것을 내려놓고
자연으로 돌아간다

화려했던 날들 추억 속에
낙엽 되어 스러지는 마음
붉은빛 눈물 땅에 스며들며
자연의 섭리를 깨닫는다

물 한 잔의 의미

세상에 물만큼 돌고 돌아
여행하는 것도 없을 것

애초부터 역마살로 태어나
태초의 바다가 증발했다가
수억 년을 순환한
시간의 결정체
물 한 잔 마시며 매 순간
다시 태어납니다

우리 몸도 모래알만 한
우주선을 타고
핏속을 흐르는 강이
매일 생명수를 운반합니다

이렇게 세상의 모든 물은
생명의 근원이라
작은 풀잎 하나
숨 쉬는 모든 생명에게

물은 생명의 어머니라는
위대한 존재인 것입니다

최선을 다하는 시간들

칠흑 같은 어둠이 걸음을 멈추면
붉은 태양 솟아나며
불 꺼진 대지로 스며들고 있다

밤의 별들도 하나씩
퇴근길 재촉할 때
붉은빛은 세상을 깨우고
하늘을 밝히기 시작하며

낮에 최선을 다하는 시간들이
일어나고 있다
유리창은 벽 하나를 차지하고
반만 가리고 있는 커튼은
태양을 욕심내고 있다

밤과 낮이 만나는 짧은 순간에
서로의 자리를 바꾸며
더 밝아 올 아침이 없을 때까지
영원히 반복되는 자연의 약속

겨울과 봄 사이

잔설이 녹아내리고
차가운 바람 끝에 스며든
따스한 햇살 한 조각
꿈틀거리는 생명의 기운
묵은 시간을 뒤로하고
새로운 시작을 알린다

보리 이삭은 부풀어
높아지는 계획을 세우고
봄을 기다리는 설렘
시간의 경계선에서

겨울과 봄 사이
눈 녹은 땅 위로
겨울의 마지막 숨결과
봄의 속삭임이 공존하는 시간
새로운 시작을 준비하고 있다

초록빛 융단

따스한 봄 햇살이
늦잠에 취한 잔디를
깨우니 꼬물꼬물
초록빛 융단 펼쳐 놓은 듯
싱그러운 모습

햇살 가득 머금고
기지개 켜듯 솟아오르는 잎새
코를 실룩거리는 듯
앙증맞은 모습이 사랑스러워

봄바람에 살랑이는 잔디
기쁨에 겨워 춤추는 듯
생기 넘치고 활기차고
사랑스런 모습으로 변하고 있다

승전가를 부르며

쑥국이나 끓여 볼까
뜨락에 내려서니
간밤 비가 올렸는지
여기도 쑥 저기도 쑥
냉이도 질세라
파란 촉 틔우고 있다

뜨락을 지키는 매화
톡톡 입술 터지고
봄 햇살 끌어안은
산수유 노란 꽃물

뜨락의 가족들
추위를 이겨낸
승전가를 부르며
가지마다 숨겨 놓은
봄을 찾는다

햇살 가득 넣은

봄국을 끓여야겠다
쑥 매화 산수유도 넣고

수선하는 봄

겨우내 멈춰 섰던 시간
차가운 겨울 지나고
따스한 햇살 내리면
잠자던 대지 기지개 켜고
새로운 생명 움틉니다

낡은 옷 벗어던지고
초록 혈관 만들어
온 땅에 뿌릴
파란 촉 틔우는
새 옷도 만듭니다

봄 햇살 살랑이니
새싹들 재잘거리고
꽃샘추위 살며시
꽁무니 뺍니다

지난해 색 바랜 수첩도
가버린 사람 멀어진 사람
수선해 봅니다

여름의 무게

불더위 여름 한낮
태양의 힘은 위대한 것인지
대지가 어질어질 어질병을 앓고
쏟아지는 햇살에 몸과 마음이
하얀 깃발 들고 무너진다

매미는 더위를 먹었는지
삶이 며칠 남지 않은
절박함인지 악을 쓰고
지친 땅속에서 생명이
신음하고 여름의
무게에 땅이 울고 있다

이 뜨거운 계절도
지나갈 테니 조금만
더 참고 기다려 보자

처서의 소리

매미의 울음소리가
늘어지고 있다
기승을 부리던 더위는
힘이 빠지며 노쇠해진다

이불을 끌어당기는
서늘함이 생기는 밤
처서가 지나가며 나뭇잎들이
쓸쓸함을 느끼기 시작한다

세월이 가는 것을 노래하는 건지
어둑어둑 귀뚜라미 울고
쓸쓸히 가을 소리에 보답을 하며
차가운 공기를 깨운다

찬바람이 숲을 끌어안으니
꼭대기 가을이 보인다
서리를 무릅쓰고도
꽃을 피운다는 국화는

마당 한 켠 찬 기운 끌어안고
만개를 기다리고 있다

구르던 나뭇잎 비가 싫어
가던 길 잠시 멈춘다
돌고 도는 세월은 왜 이리 급한지
어느덧 서리 내린 허연 머리가
거울에 비추어진다

비 개인 후

비구름이 하늘을 덮으려
한낮 쉬고 있는 해가 떠밀리고 있다
비구름은 물러설 기세가 없어 보인다
오늘의 날씨는 우리가 하는 것이 아니고
옥황상제가 사물을 위한 마음일 것이라고

햇빛을 이긴 기세로
소나기 한바탕 대지를 씻는다
깨끗한 물소리가 여기저기에서 들리고
흐릿했던 산빛은 가벼운 티끌을 벗었다

비 개인 후
나무는 긴 여름의 그늘을 만들려 하고
들녘은 산뜻함이 그림같이 보이니
신의 공평한 혜택을 누가 알아줄까

환절기

산다는 것이 꿈이라 했는데
단골 꿈에 허상과 씨름을 하고
봄이 오는 길목에 시린 바람을 더하니
삭신이 쑤시고 온몸이 딴전을 피운다

장독이 깨진다는 꽃샘추위는 기침을 더하고
환절기 몸조심하라는 주의보도 내렸는데
꿈 많던 새싹은 펴보지도 못한 채
멍이 들어 작은 숨 쉬고 있다

나이 탓인지 환절기 탓인지
심신은 춥고 힘들다고 몸을 사린다
만병의 근원은 마음에서 생긴다고
투덜대던 거친 말들도 입을 닫았다

자연은 묵묵히 가고 있는데
입방정에 탓만 하고
수양 덜된 철없는 인간이
부모 같은 자연 앞에 부끄럽기만 하다

뒷주머니 햇살

책갈피 하나를
노을 사이에 끼우고 싶다
몇 번을 읽어도
닳지 않을 가을의 이야기
잠시 쳐다보고 넘기는 제목이
낙엽 한 장 남기고 날아간다

뒷주머니 햇살이 꿈틀거린다
짜랑짜랑 소리 나는 가을볕이
열매를 키워 놓고
달아날까 포근히 감싸고 있다

화난 장마

하늘이 찢어지고
구름이 뒤엉켜
비가 쏟아지는 날
화가 난 듯한 장마
억눌렸던 감정 터지듯
장대비를 쏟아붓고
세상을 삼킬 듯
묵은 슬픔과 억울함을
씻어 내려는 듯 몸부림친다

화가 난 장마는
옆집 할아버지 외양간에
커다란 물구멍을 내고
동네를 휩쓸었다

인간의 탐욕과 어리석음에
하늘이 내린 벌일까
자연의 분노 앞에
무력한 존재임을

단비의 기쁨

가뭄이 며칠 더 머물겠다 하니
미운 맘 하늘 보고 투정하고
비구름을 기다리며 기도를 한다

때맞추어 단비가 내리니
목마름에 지친 모든 만물이
생기를 되찾고
오랜 고통 끝에 찾아온
해방의 눈물처럼
단비는 묵은 슬픔 씻어 내고
새로운 시작을 약속해 준다

단비는 단순한 비가 아닌
절망 끝에 찾아온 희망이며
모든 존재에게 주어진 선물이다

분홍빛 위로

제5부

물살을 가르던 꿈

싱크대 도마 위
바다의 기억을 머금은 고등어
냉동된 생을 따라
비릿한 냄새를 품는다

물살 가르던 고등어
가격을 매긴
할인 스티커를 붙이고
볼품없이 늘어져 있다
살짝 벌어진 입가는
마지막 뻐끔거림을 기억할까

부엌에 퍼져 나가는 바다 내음
푸른 등은 노릇한 모양새로
마지막 꿈을 꾸며
저녁 밥상에 올랐다

지팡이 내비

삐거덕 사랑채
문 여는 소리
헛기침 소리 앞장을 서며
닳아 버린 관절 소리와
몇십 년 나이를 대신한다

텁텁이 퍼지는 목소리
컥컥 가래 걸려 제구실 못하고
사랑채 주인 나들이할 참이면
기름기 다 빠진
볼품없는 몸뚱어리 한소리 낸다

할아버지
지팡이 내비 삼아
대문을 나설 즈음
햇볕 한줄기 소리 날까
조심스레 걸터앉는다

주인 없는 막내 된장

잿빛 구름이 스멀스멀 부풀고 있다
하늘과 가까워지고 있는 그는
아프다는 통풍의 다리를 끌고
장독대로 향하고 있다
바람을 잔뜩 먹은 몸뻬 바지가
요란스럽게 흔들린다

"장독은 숨을 쉬는 거지"
멀거니 서 있는 며느리를 바라보며
듣거나 말거나 한마디 던진다
며느리는 반응도 없이 입술이 붙어 있다

조상이 숨 쉬는 묵직한 뚜껑 속에
대대로 내려온 레시피들이
맛을 내고 있다
한 달 전 담은 막내 된장을
손가락으로 찍어 쩝쩝 맛을 본다
그의 해묵은 된장 같은 손길은
대를 잇는 무언의 레시피가 되었다

막내 된장이 돌잔치도 못 했다
보이지 않는 그는 된장 맛을 보며
함께 숨을 쉬고 있으려나

장독은 찾아오지 않는
그의 손맛과 기억을 봉인하고
소슬바람은 흐려져 가는
어머님의 기억을 들추고 있다

동지 팥죽

부글부글 붉은 팥죽이
화산처럼 끓고 있다
귀신을 쫓을 만큼
새알이 통통 몸을 불리면
장독에 부엌에 조상님께
그리고 내 가슴에도
좋은 일만 생기라고
한상 차려 놓으면
마음이 편안해지니 어찌하랴

팥죽의 옹심이를 먹으려니
나이 한 살 어깨너머
기웃기웃
긴긴밤 잠을 잔다고
눈썹이 희어지면 어때

긴 밤 좋은 꿈꾸고
모두 다 행복하면 되지
가족도 이웃도 모두 다

봄을 알리는 매화

겨울의 침묵을 깨고
시린 바람에
엄동 뚫고 나오는
가지 끝 작은 꽃망울

따스한 햇살 머금고
볼록볼록 봄 사랑
집어넣으니
망울망울 터질 듯이
맺히는구나

옆집의 홍매화도
속살 보이며
삐죽이 입술 내밀어
봄을 짓고 있다

주홍색 살구

꼭대기 반질반질
주홍색 살구
전날 밤
보슬비로 목욕하고
붉은 옷 갈아입고
볼록 배를 채우고
유혹을 한다

붉은 입술 반짝반짝
입 맞추러 올라가다
미끄러져
영영 맛도 못 보고
밤새 상처 난 몸뚱어리
끙끙 앓았지

하얀 속살

장독 위 호박고지
곱상이 앉아
햇살과 사랑놀이한다

가을 햇볕 짜랑짜랑
사랑놀이 소리 나듯
몸 비틀다
눈부신 하얀 속살이
어머나
깜짝 놀라 오그리며
감추어 버렸다

네잎클로버의 힘

숨겨진 행운 네잎클로버
세 잎 사이 특별한 존재
작은 몸짓 강인한 생명력

어려움 속에서도 피어나
역경을 이겨내는 용기는
꿈을 향해 나아가는
작은 풀잎의 위대한 상징

네잎클로버의 강인한 힘은
꿈을 잃지 않고 살아가는
모든 이들에게
행운을 가져다주는 기적이며
용기를 주는 희망의 메시지

※책갈피 속 네잎클로버를 꺼내며

분홍빛 위로

첫날 꽃봉오리 분홍빛 미소로
수줍게 열리며 마당을 밝히는
목백일홍 꽃들

다른 꽃 떠나가도 홀로 남아
겨울 문턱까지 피고 또 피고

봄부터 겨울까지 한결같은 미소로
백일의 약속처럼 끝까지 지키며
지친 마음을 달래 주는 분홍빛 위로

호국 정신 독도

한반도 막내둥이 독도야
입도하여 너를 보는 순간
신이 주신 눈부심에
심장이 멎을 것 같아

내 죽어
동해를 지키는 용이 되리라
이렇게 왜적을 막겠다는
문무대왕의 혼을 담아
호국 정신을 간직하고
거친 풍랑과
왜적의 침탈에도 굴하지 않았던
억겁의 세월이 보이는구나

홀로이
그 한 맺힌 분노와 깊은 상처
혈맥 속에 새겨 있거늘
심장은 애간장 타고 녹아내리면서
저 큰 동해 바다를 끌어안고

얼마나 많은 설움을 토했을까

이젠
슬퍼하지도 말고
외로워하지도 말아라
한민족의 씨알들이
삼태극의 호국 정신과 함께
내 겨레의 성역인
독도의 파수꾼이 되리라

한반도의 자존심을 지키는 수문장
국토의 막내둥이 독도야!
이십 분간의 짧은 만남이지만
너에 소중함을 힘차게 껴안으리라

영원한 독도 우리 땅

대한민국의 아침을 열며
국토의 최동단을 지키는 독도
독도는 우리 땅 독도는 우리 땅
평생을 불러보던 너를 보려고
태극기 가슴에 담고 입도하니
반겨 주는 괭이갈매기
어디를 보아야 할까
어디를 안아 줘야 할까
고운 몸 상처 날까
눈길 주기도 아깝구나

내딛는 한 발 한 발 가슴이 뭉클
애국심이 소나기처럼 온몸의 세포가
눈시울을 적시게 하는구나

그동안 수많은 역경 속에
홀로이 국토를 지키느라
속살 후벼 파는 애달픈 맘
서리서리 맺혔을라

이십 분간의 짧은 만남이여
평생 불러만 보던
너의 얼굴 도장만 찍고
돌아서야 하는 아쉬움은
전 세계에 알려야 하는
애국심이 발동을 하는구나
너는 분명
어느 누구도 망언할 수 없는
대한민국을 대표하는
영원한 독도 우리 땅이여

베트남 크레이지 하우스

동물들이 이곳저곳 숨어 있다
그것도 무서운 얼굴로
계단은 아슬아슬 부들부들
손잡이를 꼭 붙들고

꿈과 환상이 뒤섞인
기묘한 건축들
자연과 인간의 조화
파격적인 상상력은
정형화된 틀을 깨고
자유로운 영혼을 담아
세상에 하나뿐인
베트남의 공주 당 비엣나는
특별한 공간을 창조하였다

현실과 상상의 경계에서
낯선 세계를 탐험하고
돌아오니 꿈같은 시간
다시 현실로 돌아가지만

크레이지 하우스※ 미친 집은
최고의 여행이었다

※크레이지 하우스(미친 집): 베트남 달랏에 있는 관광 명소

애국자가 되는 순간

베트남 칠십 프로의 채소가 나온다는
봄의 도시 해발 1,300미터 산 위에 위치한 달랏
버스를 타고 가도 가도 빈틈없는 비닐하우스들
그들은 하우스 농사를 지으며 타 도시에 비해
빠른 부촌을 이루었다고 한다

우리 한국의 1990년대 김진국 교수가 원예 채소와
화훼 비법을 전수하였다고 하니
그들에게는 코리언 파파라는 신과 같은 존재라고
대한민국의 우월감에 잠깐 애국자가 되어 본다
이 먼 타국에서 박항서 감독과 김진국 교수의
위대함을 가이드는 열심히 설명을 하고 있다

이 글로벌 세계에 우리의 문화와 기술
그리고 여러 방면으로 열심히 뛰고 있는
애국자들의 고마움에 가슴이 먹먹해진다
이 순간 대한민국 국민이라는 것이
얼마나 고맙고 감사하고 자랑스러운지
애국자가 되려면 외국을 다녀와야 느낄 수 있다고

이렇게 나는 애국자가 되었다 마치 내가 한 것처럼

해가 지며 하우스에서 비추어지는 야경의 불빛들이
달랏을 화려한 밤으로 변신시키고 있다
우리 일행은 그 속에 앉아 애국자가 되어
달랏의 설탕 같은 풍성한 채소를 맛보았다

시드니의 풍경

오페라 하우스 날개 펼쳐
새벽하늘을 수놓고
창 너머 보이는
하얀 조개껍질 같은 지붕
새벽빛 받아 반짝인다

이른 아침 부지런한
낯선 이들의 발걸음
오늘은 모두 내 친구
같은 풍경 바라보며
행복을 나누는 것 같아

오페라 하우스 앞에서
찍은 가족사진 속
우리들의 미소는
별처럼 반짝이고

딸과 사위 손잡고
외손주 웃음소리와

이 순간 영원히
가슴 한편에 담아 두는
시드니의 파란 하늘이
선물처럼 다가온다

김명자 시인의 시 세계

해설

> 해설

건강한 서정과 성찰의 시학
─김명자 시인의 시 세계

기청 | 시인·문예비평

　시를 어떻게 해석(감상)할 것인가? 먼저 시의 정의에 대해, 그리고 시를 해석하는 방법에 대해 정리해 보기로 한다.
　영국의 시인 비평가인 M 아널드는 시는 본질적인 면에서 '인생의 비평'이라 말한다. 그런가 하면 신석정辛夕汀 시인은 시에 대해 다음과 같은 소회를 밝힌 바 있다. "시를 쓴다는 것은 생에 대한 불타오르는 시인의 창조적 정신에서 결실되는 것이다. 대상하는 인생을 보다 더 아름답게 영위하려고 의욕하고 그것을 추구·갈망하는 데서 시작한다면 그 시인의 한 분신分身이 아닐 수 없다."(신석정 〈나는 시詩를 이렇게

생각한다〉에서)

 이렇게 보면 시는 곧 시인의 분신이며 삶의 평전이라 해도 과언이 아닐 듯하다. 시는 시적 화자라는 대리인(분신)을 통해 자신과 대상에 대해 진술한다. 자신의 세계를 창조하는 것이다. 그의 세계관에 따라 밝고 아름답거나 어둡고 불투명한 것으로도 표현한다. 이때 효과적인 장치로 리듬(음악) 이미지(심상) 어조 상상력 등을 동원하기도 한다. 같은 대상이라도 얼마나 참신하고 '낯설게' 표현하느냐가 관건이다.

 시를 감상하고 해석하는 방법으로는 작품의 외적 요소(작가 현실 독자)가 필연적으로 작품에 영향을 준다고 보는 외재적 관점과 작품 자체의 분석(시어 이미지 어조 비유와 상징 제재 등)에 중점을 두는 내재적 관점, 두 가지를 적절하게 혼용하는 종합적 관점으로 나누어진다.

 특히 내재적 관점은 미국의 뉴 크리티시즘(신비평)과 상통하는 것으로 다른 말로는 절대주의. 구조주의적 관점이라 부른다. 이에 대한 주요 관심은 ①작품을 그 자체로 독립된 자족적 세계로 인식 ②작품의 언어적 구조를 중시 ③작품을 유기적 존재로 인식하는 것으로 시의 해석(감상)에 적절하고 유용한 방법으로 인정받고 있다. 이 글에서는 내재적 관점을 주된 해석의 방법으로, 일부 작자의 세계관 등과 관련

된 외재적 방법을 원용하기로 한다.

 김명자 시인은 2004년 월간 《문학공간》 신인상 당선으로 문단에 데뷔하였다. 이후 한국문인협회 회원, 옥천문인협회 지부장을 역임하였고 한국예총회장상과 옥천예술인상 등을 수상하여 꾸준한 작품 활동을 통해 그 성과를 인정받고 있다.
 또한 시집 『뜨락의 풍경』을 상재하여 그의 작품 세계를 이미 독자에게 선보인 중견 시인으로 이번에 두 번째 시집 출판을 계기로 확고한 자리매김이 기대된다. 작품 원고를 거듭 읽고 분석하면서 김명자 시인의 작품 경향과 주제 표현상의 특징을 살펴보았다. 이미 서두에서 시의 정의를 살펴본 것처럼 시는 시인의 삶을 소재로 한 것이며 특정한 시공간에서 일어난 의미 있는 순간을 모티브로 창작된 것이다. 기본적으로 기억(과거 지향)에 의한 것이지만 시제에 얽매이지 않고 자유로운 상상력의 조력을 받아 시의 세계를 창조하는 것이다.
 작품 전체를 관통하는 주제와 몇 가지 유형의 소주제로 나누어 살펴보기로 한다. 우선 김명자 시인의 작품 속에 녹아 있는 건강한 서정을 주목한다. 서정시가 시적 화자의 정서에 의존하는 경향은 가장 기본적 요소에 해당한다. 기초가 튼튼해야 이상적인 집을 지을 수 있는 것과 같다.
 작품 전반에 느껴지는 건강한 서정과 진솔한 삶의 태도가 공감을 불러일으킨다.

1. 건강한 서정

 작자가 자신과 주변(대상)과의 관계에서 느껴지는 유대감, 긍정적 태도는 현실의 극복과 희망을 불러오는 전초前哨가 된다.

> 초록빛으로
> 비단 방석 만드는
> 짜랑짜랑 봄 햇살
> 온종일 쪼이고 싶다
>
> 밤새 편치 않은 꿈을 꾼
> 묵은 베개를
> 햇빛에 널어 말리고
>
> 햇살 아래 잊고 싶은
> 마음에 먼지도
> 툭툭 털고 싶다
>
> ―〈햇살 아래서〉 전문

봄날의 소망을 그린 한 편의 수채화 같은 작품이다. 첫째 연에서 봄 햇살을 비단 방석으로 은유하고 '짜랑짜랑한'으로 묘사한다. 시각 청각의 공감각적 심상으로 독특한 리듬을 형성한다. 둘째 연에서 '묵은 베개'는 화자의 현실적 고난을 상징하는 객관적 상관물이 된다. 셋째 연에서 '마음에 먼지'는 내면의 작은 거리낌까지 털어 내겠다는 삶의 성찰을 내비친다. 봄 햇살(밝음 희망)을 통해 현실의 고난을 극복하려는 건강한 서정을 그린 수작이다.

> 어둠이 뒷걸음질하며
> 새벽이 서서히
> 모습을 드러낼 즘
> 새벽 시장은
> 살아 숨 쉬는
> 삶의 소리들을 반긴다
> (중략)
> 시장은 어둠을 걷어 내며
> 흥정하는 목소리에
> 넉넉한 인심 활기찬 에너지
> 오늘도 희망찬 하루를
> 시작하는 우리들의 이야기
> ―〈우리들의 이야기〉 중에서

시 〈햇살 아래서〉가 작자 자신을 대상으로 한 것이라면 이 작품은 '시장'이란 열린 공간을 소재로 한 작품이다. 나에서 우리로 확대된 사회와의 유대감을 통해 자아의 사회화가 실현되는 것이다. 첫째 연은 '새벽 시장'의 활기를 느끼게 한다.

"살아 숨 쉬는/ 삶의 소리들을 반긴다"에서 시장의 활기찬 분위기를 전하고 둘째 연에서는 그 생생한 현장감을 증폭시키는 '흥정' '넉넉한 인심' '활기찬'에 포커스를 맞춘다. 특히 "시장은 어둠을 걷어 내며"의 의인화 표현은 건강하고 참신한 이미지를 전해준다.

2. 자연과 서정

자연이라 할 때 좁은 의미로 인간을 제외한다. 하지만 결국 인간도 자연의 일부임은 분명하다. 그러할 때 생명의 평등성 보편성 특이성을 공정하게 말할 수 있을 것이다. 반대로 인간의 우월감으로 자연을 얕잡아 본다면 공생의 룰인 연기緣起의 법칙을 거스르게 된다. 자연은 시를 더욱 풍부하게 해주는 든든한 백그라운드가 된다.

싱크대 도마 위

바다의 기억을 머금은 고등어
냉동된 생을 따라
비릿한 냄새를 품는다

물살 가르던 고등어
가격을 매긴
할인 스티커를 붙이고
볼품없이 늘어져 있다
살짝 벌어진 입가는
마지막 뻐끔거림을 기억할까

부엌에 퍼져 나가는 바다 내음
푸른 등은 노릇한 모양새로
마지막 꿈을 꾸며
저녁 밥상에 올랐다

      —〈물살을 가르던 꿈〉 전문

마당에 길고양이
염소인 양 풀 뜯다 캑캑거린다
엊그제 파란 촉들이
자라는 소리를 들었는데
쪼아대는 봄 햇살에
아직은 몸살기가 무서운가 보다

잔디 속에 숨어 몸 사리고 있다

마당인데 누구든 못 오나
하늘이 열려 있는데
바람이 불렀는지
질경이는 자리다툼 중이고
보금자리 튼 개미들
더듬이 흔들어 일터를 물색 중이다

객과 주인의 경계는 어디까지인지
풀이든 개미든 길고양이든
사인 없는 주인 행세를 하고 있다
　　　　　－〈주인의 경계는 어디인지〉 중에서

　위의 시는 '고등어'란 자연물을 의인화하여 그의 꿈과 좌절을 그렸다. 전반부에서 '바다의 기억'과 '할인 스티커'는 극적 대조를 보인다. 주체(인간) 객체(생선 상품), 생과 사, 꿈과 좌절이란 대조를 통해 고등어의 비극적 일생을 그리지만 결미에서 다시 극적 승화를 가져온다. "마지막 꿈을 꾸며/ 저녁 밥상에 올랐다"처럼 좌절은 다시 저녁 밥상을 풍요롭게 해주는 것으로 승화된다. 역설적 반전을 통해 공감을 증폭시키는 기법이 이채롭다.

아래 작품의 소재는 자연이다. 첫째 연에서 '길고양이'의 섬세한 묘사를 통해 생명에 대한 존중과 자비심을 드러낸다. "엊그제 파란 촉들이/ 자라는 소리를 들었는데"의 시각의 청각화는 예민한 시인의 관찰 감응력을 보여 준다. 결미 부분에서 주객의 문제를 담론화한다. 화자는 '사인 없는 주인 행세'를 통해 인간과 자연의 구분을 무화시키려 한다. 이를 통해 자연과 인간을 공생의 파트너로 인정하는 것이다.

3. 삶의 성찰

살면서 가끔 살아온 여정을 돌아보기도 한다. 특히 시를 쓰면서 자신을 성찰하는 중요한 계기가 된다. 내가 누구인가? 어디서 와서 어디로 가는가?와 같은 근본적 물음은 삶의 궤도를 바꾸는 터닝 포인트가 되기도 한다. 이를 통해 존재의 실상을 탐구하려는 의지가 발동하게 된다. 불교적 세계관과 만나는 인연의 고리가 되는 것이다.

흔들리는 마음
알면서도 멈출 수 없는
마음의 발걸음
가서는 안 될 곳을 향해

자꾸만 흔들린다
붙잡으려 할수록
더욱 흔들리고
결국 닿을 곳은 어디일까
집 나간 마음은 돌아올
생각이 없다

―〈집 나간 마음〉 전문

알고 왔나
어디서 왔을까
나도 모르게
입장권을 쥐여 주고
세상에 던져 놓으니

이 일 저 일
이 노릇 저 노릇
이 인연 저 인연
여정의 새끼줄 끼워 놓고
(중략)

투덜거려 봐야 부처님이
입 다물라 하신다

―〈여정의 새끼줄〉 중에서

위 두 편의 시를 통해 그런 징후를 감지하게 한다. 앞의 시 〈집 나간 마음〉에서 스스로의 마음이 안정을 찾지 못한다. 이에 대한 후회와 자책이 "결국 닿을 곳은 어디일까"의 근본 물음을 던지게 된다. 제목이기도 한 '집 나간 마음'은 방황 불안 후회를 동반한다. 얕은 삶의 방정식으로는 풀 수 없는 궁극의 문제에 직면하게 된다. 불교적 세계관으로 '집'은 본래 바탕 자리인 근원을 의미한다.

뒤의 작품 〈여정의 새끼줄〉에서도 급기야 "어디서 왔을까"의 근본 물음이 제기된다. "이 인연 저 인연/ 여정의 새끼줄 끼워 놓고"는 불교의 핵심 교리인 연기緣起적 세계관을 구체화해 준다. 연기의 고리가 되는 순간순간의 선택은 결국 자신의 몫이다. 이런 이치를 깨닫게 될 때 비로소 무상 괴로움 무아의 진리와 마주하게 되는 것이다.

4. 혈연의 그리움

부모는 생명의 근원이다. 함께 살던 시기에는 미처 모르던 혈육의 정이 생사의 강을 건너면서 더욱 절절해진다. 시가 삶의 기록이거나 평전의 요소를 지닐 때 혈연과의 이별은 크나큰 아픔을 남긴다. 생전의 못다 한 회한을 시를 통해 어떻게 승화시키는지 보기로 한다.

    비 오는 날이면
    막걸리가 최고지 하시던
    아버지의 환하신 모습
    막걸리 한잔을 보약같이 드시며
    이 술 마시면 다리가 안 아파
    하시며 웃음 뒤에 감춰진
    아버지의 깊은 주름살

    후두둑 비가 창을 때린다
    아버지 계신 곳 높은 산에
    막걸리 배달을 가야겠다

                    —〈아버지의 막걸리〉 중에서

    배움의 뜨거운 열정은
    유리병에 갇힌 불꽃처럼
    타오르는 마음이었지만
    시대의 그림자 속에 가려져
    마음껏 펼쳐 보지도 못하고

    평생 시대의 아픔 속에
    못다 이룬 꿈 가슴에 안고

그리움만 남아
낡은 사진 속에
미소 짓고 있는 엄마의
마음이 보이는 것 같아

―〈시대의 벽〉 중에서

앞의 시 〈아버지의 막걸리〉는 아버지에 대한, 뒤의 시 〈시대의 벽〉은 어머니에 대한 그리움을 노래한 사부(모)곡이다. 앞의 시는 아버지와 막걸리의 에피소드를 통해 아버지의 소탈함, 노년의 쓸쓸함이 느껴진다. "웃음 뒤에 감춰진/ 아버지의 깊은 주름살"을 통해 아버지의 속마음이 읽혀진다. 결미의 '비'는 화자의 슬픔을 정화시키는 매체가 되고 있다. 끝부분의 해학적 결말은 슬픔을 역설적으로 풀어내리는 화자의 재치가 보인다.

뒤의 작품은 어머니에 대한 애상이 '유리병에 갇힌 불꽃'(배움의 열정) '시대의 그림자'(희생)를 통해 구체적으로 드러난다. 이것은 어려운 시대를 살다 간 대부분 선인이 겪어 온 동통同痛의 희생이기도 하다. 화자는 슬픔을 그리움으로 승화시키는 시적 변용을 통해 정서의 과잉을 피하는 의연함을 보여 준다.

지면상 언급하지 못한 작품으로 〈하얀 온기〉에서는 사자死者를 추모하는 가족들의 슬픔을 담담한 전

지적 묘사로 풀어간 감정의 절제가 돋보인다. 시 〈나눌 수 있는 사람〉에서는 "차 한 잔 마시며/ 닫혀 있던 가슴 열고"처럼 마음의 문을 열고 '진솔한' 대화를 나눌 수 있는 사람이 '굴비 한 뭇음'이지만 정작 일상의 틀에 갇힌 안타까움을 토로한다. 〈너무 작은 점〉은 '세상의 울타리' 안에 만유萬有는 공존 공생 관계로 존재하는 그 고마움을 문득 깨닫는다. "나는 그 품 안에 있었다/ 보이지 않는 너무 작은 점 하나로" 존재에 대한 각성이다. 보이지 않는 그의 품안에 있음을 자각할 때 근원을 지향하는 더 큰 문이 열릴 것이다.

김명자 시인의 시의 주요 특징으로는 건강한 서정을 바탕으로 한 따뜻한 휴먼과 진솔한 삶의 태도, 삶의 성찰, 존재에 대한 각성이 읽는 이의 잔잔한 감동을 불러온다.

또한 생명에 대한 존중과 자비의 정신, 자연과의 공생 공존의 모색은 메마른 시대에 희망의 감로수로 독자의 갈증을 풀어 줄 것이다. 이번 시집 출간으로 더욱 성숙한 시의 숲[詩林]으로 발돋움하기를 바라면서 이 글을 맺는다.＊

꽃이
피는
이유

발행 ǀ 2025년 7월 2일
지은이 ǀ 김명자
펴낸이 ǀ 김명덕
펴낸곳 ǀ 한강출판사
홈페이지 ǀ www.mhspace.co.kr
등록 ǀ 1988년 1월 15일(제8-39호)
주소 ǀ 서울특별시 종로구 삼일대로 457, 501호(경운동)
전화 02-735-4257, 734-4283   팩스 02-739-4285

값 12,000원

ISBN 978-89-5794-592-6 04810
     978-89-88440-00-1 (세트)

※잘못된 책은 바꾸어 드립니다.
※저자와의 협약에 의해 인지는 생략합니다.